MEDITACIONES GUIADAS DE GRATITUD

3 poderosas Meditaciones de Agradecimiento

ELVIS D BEUSES

Advertencia

Esta meditación está elaborada con fines informativos únicamente. No debe ser utilizada como sustituto a un tratamiento o diagnóstico profesional. Si usted considera que necesita ayuda, consulte a un profesional de la salud.

Queda entendido que ni el autor, ni la empresa que publica está ofreciendo servicios o asesoramiento psicológico, médico, financiero, legal, ni ningún otro servicio y/o asesoramiento profesional.

Si necesita asistencia de un experto o asesoramiento, contrate los servicios de un profesional competente en el área.

Tabla de Contenido

Disfrútalas también en audio

Si quieres disfrutar de estas meditaciones guiadas en audio, te invito a que visites:

www.alcanzatussuenos.com/meditacion

O para mayor comodidad, escanea este código con la cámara de tu teléfono móvil (como si le fueses a tomar una foto) y te llevará a la página

Descarga la Aplicación Gratuita

Por haber adquirido este libro, te obsequiaré la app gratis de meditaciones guiadas.

Para descargarla, visita:

www.alcanzatussuenos.com/app

O para mayor comodidad, escanea este código con la cámara de tu teléfono móvil

(como si le fueses a tomar una foto) y te

llevará a la página

Comienza colocándote en una posición cómoda y, cuando así lo desees, puedes cerrar tus ojos.

Toma una respiración profunda y mientras exhalas deja salir cualquier pensamiento que te haya estado produciendo estrés durante este día.

Déjalo ir.

Toma otra respiración profunda y exhala, viendo cómo cualquier tensión, cómo cualquier pensamiento se va, como si fuera un globo, y se aleja de ti.

Toma otra respiración profunda

 y exhala, dejando ir cualquier

ansiedad, cualquier estrés que hayas estado sintiendo en tu cuerpo.

Ahora quiero que imagines como si una bola de relajación empieza a cubrir tu cuerpo poco a poco, empezando por tus pies, donde empiezas a experimentar una relajación absoluta.

Esa ola sigue subiendo y va relajando tus pantorrillas, tus muslos y ahora todas tus piernas están totalmente relajadas.

 Esa relajación sigue subiendo, cubriendo tu zona pélvica, la parte baja de tu espalda y tu abdomen.

Esta relajación continúa hacia arriba, cubriendo toda tu espalda, tu pecho.

Ahora relaja tus manos, tus antebrazos, todos tus brazos están en un estado de absoluta relajación.

Ahora llega a la zona de tus hombros, respira en tus hombros y en tu cuello...

Exhala toda la tensión que puede estar acumulada en esta área. Toda esa tensión abandona tu cuerpo en este momento.

Ahora imagina que esa relajación ha llegado a tu cabeza, a tu cara.

Relaja los músculos de tu frente, los músculos de tu cara.

Si quieres, puedes poner una ligera sonrisa en tu rostro.

Ahora vamos a comenzar un ejercicio de gratitud. La gratitud es la puerta hacia la abundancia.

Cuando experimentamos gratitud, no experimentamos miedo, ni ansiedad, ni rabia.

Científicamente se han comprobado efectos positivos en nuestra salud que son el resultado de practicar gratitud.

Muchas veces vivimos quejándonos por pequeñas cosas y no desarrollamos el hábito de cultivar la gratitud.

Lo que vamos a hacer ahora es empezar a agradecer por pequeñas cosas.

Voy a ir mencionando cosas por las cuales puedes experimentar gratitud.

Es importante, que no solamente imagines lo que estoy describiendo, sino que sientas la emoción de la gratitud, sientas esa gratitud en tu cuerpo.

Empecemos agradeciendo por tu buena salud.

A lo mejor tu salud en este momento no es perfecta, pero tenemos que estar conscientes de que pudiera estar mucho peor y tenemos que agradecer por eso.

Empieza un escaneo por tu cuerpo y empieza a dar gracias por cada parte de tu cuerpo que funciona bien.

Puedes empezar, como decía Wayne Dyer, por agradecer por el hecho de que tienes párpados.

¿Cómo sería la experiencia de tu vida si no tuvieras párpados?

O el hecho de que puedas respirar.

Hay personas que tienen enfermedades que no les permiten respirar normalmente.

Otros necesitan un artefacto artificial para poder respirar.

Siente cuán afortunado (a) eres por el hecho de que tu cuerpo funciona de la manera que funciona.

Empieza un escaneo de tu cuerpo y empieza a experimentar, a sentir la gratitud por cada cosa que funciona bien en tu cuerpo.

Piensa acerca de cuántas personas no tienen la suerte que tú tienes con relación a cómo funciona tu cuerpo.

Hay personas que no pueden escuchar este audio.

Si tienes pelo, da gracias por tu pelo.

Mucha gente quisiera tener pelo.

Ahora, vamos a dar gracias por el dinero que tenemos en el banco.

Muchas personas pueden pensar que no tienen mucho dinero, pero tenemos que estar conscientes de que si al menos, tienes algunas monedas en tu posesión; tienes más dinero que muchísimas personas en este mundo.

Da gracias por cada centavo.

Hay un altísimo porcentaje de personas en el mundo que viven con menos de $3 USD al día.

3400 millones de personas en el mundo viven con menos de USD $5,50 al día.

Si ganas más que eso, eres más rico (a) que la mitad de los habitantes del mundo

Experimenta un sentido de

gratitud por esto.

Da gracias por tus buenos amigos.

Lo importante no es la cantidad,

sino la calidad.

Piensa en cada uno de ellos y experimenta la gratitud de tenerlos.

Da gracias por el hecho de tener libertad de religión.

La posibilidad de honrar, venerar cualquiera que sea tu creencia.

Eso es un lujo que no se pueden dar muchísimas personas en el mundo.

Da gracias por tus padres.

Aunque hayan sido disfuncionales te dieron el regalo de la vida.

Da gracias por los fines de semana.

Siempre hay algo mágico o especial

acerca de poder vivir un fin de semana.

Recuerda ¿cuál fue el último fin de semana especial que viviste?

Ve allí a ese momento, experimenta ese momento, y da gracias por haberlo vivido.

Si tienes una pareja, da gracias por tu pareja.

El hecho de poder estar en una relación nos enseña muchísimo sobre la vida.

Y si no estás en una relación, da gracias por ello, por la libertad que tienes.

Muchas personas quisieran tener esa libertad.

Da gracias por las mascotas.

Las mascotas son un ejemplo de lo que es el amor incondicional. Recuerda un momento donde experimentaste esa situación, donde una mascota te expresó ese amor incondicional.

Vuelve ahí y siéntelo.

Da gracias por la oportunidad de poder aprender de tus errores.

Si no cometemos errores, no podríamos crecer y edificar nuestra experiencia.

Da gracias por los errores que has cometido, pero más importante aún, por la oportunidad de aprender una lección.

Da gracias por la oportunidad de poder recibir educación.

Hay muchísimas personas en el mundo que no tienen ese lujo, y para la mayoría de nosotros que tenemos Internet, la educación está simplemente en nuestro bolsillo.

Es un lujo que nuestros ancestros hubieran soñado con tener.

Da gracias si el día de hoy dormiste bajo techo.

¿Cuántas personas, no importa en qué ciudad del mundo vivas están a la intemperie, no tienen un lugar donde dormir o dónde vivir?

Siente cuán afortunado (a) eres por haber dormido bajo techo.

Da gracias por la habilidad de poder leer.

La lectura nos abre las puertas a infinitas posibilidades, y de experimentar diferentes emociones.

Hay muchas personas en el mundo que aún son analfabetas, y tú tienes la suerte de poder leer.

Da gracias por el aire puro y fresco y el hecho de que lo puedes respirar.

Si dormiste hoy en una cama, da gracias porque pudiste dormir en esa cama.

Muchas veces lo damos por hecho y no es hasta que experimentamos una situación donde no tenemos un sitio para dormir, que podemos valorar el regalo de tener una cama, un sitio donde dormir.

Experimenta la gratitud por esto. porque puedes reírte.

El mundo sería un lugar sumamente triste si no pudiéramos tener la habilidad de sonreír.

Da gracias por tu libertad.

Muchas veces olvidamos que hay gente que daría cualquier cosa por tener la libertad de decir:

"Voy a tal sitio".

Cuántas personas que están en una cárcel quisieran simplemente poder caminar libremente, decidir y decir:

"Voy a la panadería".

Ellos quisieran hacer muchísimas de las cosas que nosotros hacemos todos los días.

La libertad un regalo invaluable. Hay muchas personas que incluso están en la cárcel sin haber cometido ningún delito, como por ejemplo, los presos políticos.

Da gracias por la libertad que tienes.

Experimenta esa gratitud en tu cuerpo.

Da gracias por el hecho de tener seguridad, de que te puedes despertar sin tener que experimentar una amenaza contra tu vida, sin el hecho de tener que vivir en un miedo constante.

Da gracias. porque existen los carros.

Hace un par de siglos nadie tenía ese lujo y demoraban horas y horas para hacer lo que nosotros podemos hacer hoy en pocos minutos.

Da gracias por la suerte de vivir en estos tiempos donde tenemos acceso a los carros.

Da gracias por la luz del Sol que está siempre allí

todos los días, disponible, y que sin ella no podrías existir.

Por último, da gracias por tener agua potable.

Cuántas personas en el mundo viven sin acceso al agua limpia.

Siente en tu cuerpo la gratitud, la suerte de vivir

con todos estos aspectos que hemos descrito en este
ejercicio.

Continúa experimentando gratitud tanto como lo desees

y cuando así lo consideres puedes empezar a hacerte

consciente, a abrir tus ojos y seguir viviendo el resto de tu
día, experimentando una constante gratitud por cada
momento, por cada bendición que recibes en tu
experiencia de vida.

Colócate en un lugar cómodo, cálido y tranquilo.

Puedes sentarte con la espalda recta y los pies firmemente apoyados en el piso o te puedes acostar.

Comienza enfocando tu atención en tu respiración.

Enfoca tu mente en como tu pecho sube con cada inhalación y como baja con cada exhalación.

Coloca tu atención solamente en el subir y bajar de tu pecho mientras respiras.

No tienes que respirar profundamente, solo respira de forma natural y concéntrate en como tu pecho sube y baja con tu respirar...

Tu cuerpo sabe cuándo necesita aire, así que solo relájate en silencio.

Observa en tu mente como el aire fluye suavemente dentro y fuera de tu cuerpo, y cuando tu atención se distraiga con algún pensamiento; solo vuelve a enfocarte en tu respiración.

Si vienen pensamientos sobre los quehaceres, sobre tu vida cotidiana, solamente obsérvalos; no los resistas.

No los juzgues, simplemente observa como llegan e invítalos a que se vayan suavemente sin ningún tipo de resistencia.

Vuelve a enfocar tu atención en tu respiración.

Observa tu respiración como fluye profunda, tranquila, lenta y suavemente. Sólo respira.

Ahora, trae tu atención a cómo el aire se siente mientras entra por tu nariz y fluye a través de tus cavidades nasales...

Y luego cómo llega ese aire fresco y limpio a tus pulmones. Aire fresco fluyendo suavemente hacia tu cuerpo.

Siente tu respiración. Siente cómo inhalas y luego cómo exhalas.

Siente cómo tu cuerpo

Responde a cada respiración.

Presta atención a cuán maravilloso es el acto de respirar y empieza a sentir gratitud por el hecho de poder respirar.

Es asombroso el poder respirar.

Ahora, trae tu atención a tu boca. Con tus labios ligeramente separados, puedes exhalar a través de tu boca dejando que tu cuerpo pueda sentir el aire rozando tus labios mientras exhalas.

Inhala nuevamente y luego siente cómo ese aire cálido pasa a través de tus labios dejando tu cuerpo.

Concéntrate solo en tu aliento dejando tu cuerpo...

Ahora vamos a empezar a experimentar gratitud.

Voy a mencionar diferentes aspectos, situaciones y cosas de las cuales podemos estar agradecidos.

Quiero que mientras las menciono, experimentes el poder de la gratitud en tu cuerpo y en tu mente.

No sólo se trata de escuchar esas razones, esos motivos; sino de sentir absoluta gratitud por el hecho de que están en nuestras vidas.

Comencemos...

Comienza por dar gracias por los teléfonos inteligentes... Hace unos pocos años atrás, el presidente de EE.UU. ni siquiera tenía una dirección de correo electrónico; y tú estás viviendo en una época donde en tu bolsillo tienes más recursos que el hombre más poderoso del mundo hace un par de décadas atrás.

Piensa lo afortunado (a) que eres de vivir en estos tiempos y de las infinitas posibilidades que eso te da.

Da gracias por la posibilidad de sentir amor. El mundo sería un sitio bien diferente si no pudiéramos experimentar amor.

Da gracias por las personas que amas.

Ahora haz viaje a tu pasado… puede ser un pasado
reciente o lejano; y vuelve a experimentar un momento
donde experimentaste amor.

Donde sentiste que alguien te dio amor. Ve allí. Siéntelo
como lo sentiste en ese momento.

Observa lo que observabas en ese momento.

Escucha nuevamente lo que escuchaste en ese momento.
Revívelo.

Experimenta gratitud por haber estado ahí.

Da gracias por los libros. En muchos casos, los libros nos
dan la oportunidad de aprender en pocas horas, lo que a
una persona le tomo 30 años de trabajo y experiencia.

Da gracias por esa oportunidad.

Agradece por la amabilidad de algún extraño.

Tal vez en algún momento reciente alguien abrió la puerta
para ti o no sabías cómo llegar a una dirección y alguien
que no te conoce salió a ayudarte.

Vuelve a tu pasado reciente o lejano...

Experimenta ese momento donde alguien que tú no conocías hizo algo bueno por ti.

Ve allí, siente la gratitud por ese momento.

Da gracias por los momentos difíciles y dolorosos.

Una de las fuerzas más poderosas de transformación es el dolor.

Cuando experimentamos un momento doloroso en nuestra vida, tenemos la opción de quedarnos en un estado de víctima.

Pero también tenemos la opción de decir:

¿Qué puedo aprender de esto?

¿Cómo puedo utilizar esta situación para transformarme, para mejorar?

Si nunca experimentáramos dolor tendríamos gran dificultad de poder apreciar al máximo los momentos hermosos y alegres de nuestra vida.

Da gracias por los artistas y por el arte.

Gracias a ellos cuando vamos a un concierto, cuando vemos una obra de teatro, etc.; podemos recargar nuestras baterías.

Si un comediante nos hace reír, eso cambia nuestro estado mental, nuestro estado de ánimo.

Da gracias por ellos, por el servicio que prestan y ve a un pasado reciente o lejano donde tuviste la dicha de disfrutar del talento de un artista,y revive esa experiencia en tu mente experimentando gratitud.

Da gracias por los días festivos. Cualquier razón que la vida nos da para celebrar y para sentirnos bien es algo por lo que debemos estar agradecidos.

Da gracias por la libertad de expresión. Hay muchísimos sitios en el mundo donde toda la población, millones de personas no tienen ese lujo, ese privilegio.

Gracias por los arcoíris.

Son gratis y cada vez que vemos uno nos damos cuenta de lo maravillosa que es la naturaleza.

Recuerda la última vez que viste uno y da gracias.

Da gracias por el hecho de que pudiste despertarte hoy, por el hecho de que tienes el regalo de la vida.

Hoy por hoy se estima que las probabilidades de estar vivo son una, en 400 trillones.

Qué afortunado somos de estar vivos.

Da gracias por el hecho de que tienes tuberías que te llevan el agua en tu casa, en tu trabajo.

Da gracias por la conveniencia, da gracias por el hecho de que eso ayuda a que no experimentemos enfermedades.

Muchas personas lo olvidan, pero hay Millones de personas en el mundo que no tienen ese lujo.

Da gracias por la edad que tienes y por la sabiduría que eso te da.

Mientras más vivimos, más aprendemos.

Da gracias por la experiencia que tienes.

Agradece por el sentido de la vista. ¿Qué no darían miles de personas por tener la capacidad de ver?

Aunque sea por un Instante.

Siente la gratitud en tu cuerpo por ese regalo.

Da gracias por los supermercados. Tenemos la dicha de poder ir a un sitio y obtener comida sin tener que cazar o matar un animal, sin tener sembrar.

Además, tenemos el lujo y el privilegio de poder elegir entre diferentes marcas u otras opciones.

Hay muchos países donde las personas no tienen ese lujo.

Gracias por los atardeceres. Suceden todos los días y están allí disponibles para nosotros, para ir a contemplarlos de manera gratuita.

Nos podemos relajar y extasiar con un atardecer.

Da gracias por el entretenimiento. Hoy en día tenemos tantas opciones para entretenernos, para relajarnos, para distraer nuestra mente.

Son cosas que nuestros ancestros nunca tuvieron.

Da gracias por tu mente, por la habilidad de pensar, por la habilidad de recordar, por la habilidad de resolver problemas.

Hay muchas personas en el mundo que no tienen ese privilegio.

Siente la gratitud en tu cuerpo en este momento...

Ahora, continúa sintiendo gratitud. Siente la gratitud en todo tu cuerpo y permanece en ese estado tanto tiempo como lo desees...

Y cuando así lo consideres, puedes abrir tus ojos y volver a tu realidad; tomando la decisión de pasar el resto de tu día buscando razones por las cuales experimentar gratitud.

Comencemos respirando lentamente.

Muy lentamente...

Toma una inhalación profunda y exhala suavemente.

Te invito a sentir todo el peso de tu cuerpo apoyado en la superficie donde te encuentras.

Estamos totalmente protegidos y apoyados en este momento.

Permite que tus pensamientos, cualesquiera que sean entren y salgan.

No hay necesidad de juzgarlos, ni de reaccionar a ellos; simplemente si llegan, déjalos ir.

Imaginemos que estamos entrando en una zona boscosa. Un sitio hermoso, en un día brillante.

El sol atraviesa los árboles y lo podemos ver reflejado en las hojas. Disfrutamos de una paz absoluta mientras experimentamos este paisaje natural.

Respiramos un hermoso aroma de frescura, que nos hace sentir conectados a la naturaleza.

Estamos en un sitio totalmente seguro y cualquier cosa que nos moleste, que no se estrese, que nos irrita… se va en este momento.

No va a venir con nosotros en este viaje.

Nuestros pies están conectados con la tierra en este momento.

Vamos a empezar a caminar en armonía con todo este paisaje, con todos los seres vivos, con todo lo que está a nuestro alrededor.

Solo siente el suelo entre los dedos de tus pies.

Estamos en un espacio totalmente protegido, estamos a salvo.

No hay daño que venga a nosotros en este viaje. Todo ese entorno funciona para nosotros a nuestro favor.

Esta conexión con la naturaleza nos recarga, nos trae a nuestro estado natural. Un estado balanceado.

Mientras empezamos a dar los primeros pasos en este paisaje hermoso y natural, nos alineamos con nuestro propósito, con nuestra visión, con nuestra pasión.

Todos esos elementos están presentes aquí y ahora.

Todo lo demás está bloqueado. Nada más puede entrar a este hermoso paisaje.

Caminamos paso a paso y aquí el ritmo y la velocidad no importan.

Solamente avanza, disfruta de este paisaje. Inhala y exhala lentamente.

Puedes sentir la naturaleza a tu alrededor. El sol brilla y no hay espacio para la oscuridad.

Nos sentimos bien caminando con alegría, caminando con entusiasmo mientras nuestra sonrisa ilumina nuestra cara.

Estamos en total armonía. Estamos felices de avanzar a nuestro propio ritmo; no hay confusión.

Y mientras disfrutamos de este hermoso paisaje, y detallamos todo a nuestro alrededor; nos preparamos para un viaje de absoluta gratitud...

 Dónde vamos a empezar a sentir gratitud por cosas y situaciones en nuestra vida.

A medida que menciono estos elementos, vas a sentir una absoluta gratitud en tu cuerpo, en tu mente, en tu corazón y en tu alma; por cada uno de estos elementos y situaciones.

Comencemos...

Empieza a experimentar gratitud por el hecho de que puedes escuchar.

Muchas personas no pueden escuchar, y tú tienes la bendición de poder disfrutar de este sentido; y poder escuchar la voz de un ser querido.

Experimenta gratitud por los niños recuerda algún momento donde has estado presente con un niño o has estado en la presencia de un bebé.

Vuelve a ese momento y disfrútalo nuevamente en tu mente.

Experimenta gratitud por tu empleo, aún en el caso de que no te sientas totalmente a gusto.

El hecho de tener un empleo significa que alguien pensó que eras lo suficientemente especial como para contratarte.

Asimismo, ese empleo te permite aprender cosas nuevas y tener un ingreso.

Siente la gratitud por tu empleo.

Da gracias por la diversidad.

Muchas veces deseamos que otras personas sean como nosotros, pero si todo el mundo fuera como nosotros; el mundo sería un lugar sumamente aburrido.

Da gracias por la luna y por las estrellas, porque siempre están allí disponibles y nos ayudan a soñar.

No tenemos que pagar absolutamente nada para disfrutarlas.

Da gracias por la electricidad. Hace un poco más de un siglo, la humanidad no tenía ese lujo y tú estás viviendo en un tiempo privilegiado, donde tenemos la comodidad que nos confiere la electricidad.

Da gracias por el aire acondicionado. Tenemos el lujo de poder determinar la temperatura que queremos en nuestra casa, nuestro trabajo, en nuestro carro.

Es un lujo que hace apenas unos pocos años atrás, nadie podía disfrutar.

Había zonas donde la gente ni siquiera quería vivir, y hoy podemos poblarlas gracias a ese magnífico invento.

Siente la gratitud de tenerlo.

Da gracias por tu habilidad de aprender nuevas cosas.

El tener estabilidad nos garantiza que tenemos un potencial infinito y que siempre podemos encontrar la manera de conectarnos y sacarle provecho a ese potencial.

Da gracias por las personas que están dispuestas a enseñar.

Bien sea que alguno de tus abuelos te enseñó a amarrarte los cordones de los zapatos.

O que alguien te haya dado un consejo de cómo prevenir un problema.

Agradece por los profesores que has tenido, por los mentores que has tenido. Da gracias por el hecho de que otras personas han tenido la disposición de compartir su tiempo y sus talentos para enseñarte algo nuevo.

Da gracias por los océanos

Da gracias por la medicina moderna. Tenemos mucha suerte de estar viviendo en estos tiempos, donde la expectativa de vida del ser humano continúa expandiéndose.

Donde los avances tecnológicos en la medicina, siguen encontrando soluciones para enfermedades y condiciones que antes eran incurables.

Vivimos en una época donde los seres humanos cada vez duramos más y con mejor calidad de vida.

Hace unos años atrás, ni siquiera había antibióticos disponibles para tratar una infección.

Siente cuando afortunado (a) eres de vivir en esta época.

Da gracias por la música, ya que la música nos entretiene y nos ayuda a sentir emociones, nos ayuda a levantar nuestro estado mental.

Hoy por hoy tenemos la posibilidad de tener un artefacto en nuestro bolsillo que nos permite escuchar cualquier canción que queramos escuchar.

 Eso hace solo un par de décadas atrás, era totalmente imposible.

Agradece por los emprendedores y por los inventores.

Muchos de los mejores inventos que tenemos a disposición en la vida, son el resultado de un empresario que tuvo la disposición de tomar un riesgo para hacer realidad su idea.

Da gracias porque tienes algo que

vestir.

Hay personas que no tienen ese lujo.

Cuando tenemos frío no hay nada más importante que tener algo que podamos vestir, que nos mantenga cálidos y protegidos.

Da gracias porque tenemos la libertad de votar por

nuestras autoridades.

Nunca debemos dar por sentado ese privilegio que millones de personas en el mundo no tienen.

Gracias por la conexión de internet. Muchas veces damos por sentado el hecho de que tenemos internet.

Vivimos en una época privilegiada donde básicamente podemos encontrar la respuesta a cualquier pregunta en un instante.

Algo que era imposible hace muy poco tiempo, y que además nos garantiza infinitas posibilidades para lo que queramos crear en nuestra vida.

Da gracias por los desafíos en tu vida.

Sin los desafíos de tu vida no serías quién eres. No tendrías la fortaleza que tienes.

Da gracias por las vacunas.

También somos muy afortunados de tener vacunas.

Muchos de nosotros no estaríamos vivos en este momento si no existieran vacunas que han erradicado tantas enfermedades.

Agradece por las fuerzas armadas.

Nuestras vidas serían muy, pero muy diferentes si no tuviéramos la protección de las fuerzas armadas,

Probablemente viviríamos oprimidos bajo el comando de un tirano. Demos gracias por las personas que han dado su vida para que nosotros podamos disfrutar de la libertad.

Continúa experimentando esta sensación de gratitud, por tanto tiempo como lo consideres.

Y cuando sientas que es el momento, puedes empezar a volver a tu realidad, abriendo tus ojos con la intención de seguir buscando razones por las cuales experimentar gratitud en el resto de tu día.

Comparte Tu Experiencia

Me encantaría saber cómo ha sido tu experiencia al practicar estas meditaciones.

Por favor, deja tu comentario en la plataforma donde la adquiriste para conocer sobre tu experiencia.

Gracias

Si quieres disfrutar de estas meditaciones guiadas en audio, te invito a que visites:

www.alcanzatussuenos.com/meditacion

O para mayor comodidad, escanea este código con la cámara de tu teléfono móvil (como si le fueses a tomar una foto) y te llevará a la página

Otras Meditaciones

Meditación guiada para dormir profundamente y relajarse

Meditación guiada para la limpieza energética. Meditación para aumentar tu energía positiva

Meditación guiada para la ansiedad, el estrés y las preocupaciones. Paz interior Meditación guiada para reducir la ansiedad, la angustia, el estrés, la preocupación y el pánico

Meditación guiada: cómo atraer el dinero. Meditación para atraer abundancia y prosperidad

Meditación guiada para el insomnio. Meditación guiada para dormir y descansar profundamente

Meditación guiada para dormir profundamente y descansar. Meditación guiada para el insomnio

Meditación de la mañana. Meditación guiada para comenzar el día. Meditación matutina

Meditación guiada para la paz interior. Meditación para la ansiedad. Meditación guiada para la paz mental

Conéctate conmigo en las redes sociales

Instagram:

https://www.instagram.com/elvisdbeuses/

LinkedIn:

https://www.linkedin.com/in/elvisdbeuses/

Pinterest:

https://www.pinterest.com/elvisdbeuses/

YouTube:

https://www.youtube.com/elvisdbeuses

www.ingramcontent.com/pod-product-compliance
Lightning Source LLC
Chambersburg PA
CBHW031004180726
47993CB00018B/1561